SONATINEN-ALBUM

Eine Sammlung von Sonatinen und Stücken für Klavier

An Anthology of Sonatinas and Other Pieces for Piano

Band / Volume

I

Herausgegeben von / Edited by

Louis Köhler · Adolf Ruthardt

C. F. PETERS

FRANKFURT/M. · LEIPZIG · LONDON · NEW YORK

Sonatinen und andere Stücke
Sonatinas and Other Pieces

Thematisches Verzeichnis der Sonatinen
Thematic Index of Sonatinas

SONATINE

Op. 20 № 1

Fr. Kuhlau

Andante

Rondo
Allegro

SONATINE
Op. 20 № 2

Fr. Kuhlau

Adagio e sostenuto

p con espressione

Allegro scherzando

SONATINE

Op. 20 № 3

Fr. Kuhlau

Allegro con spirito

3.

9333

9333

Larghetto
sostenuto

a)

Alla Polacca.

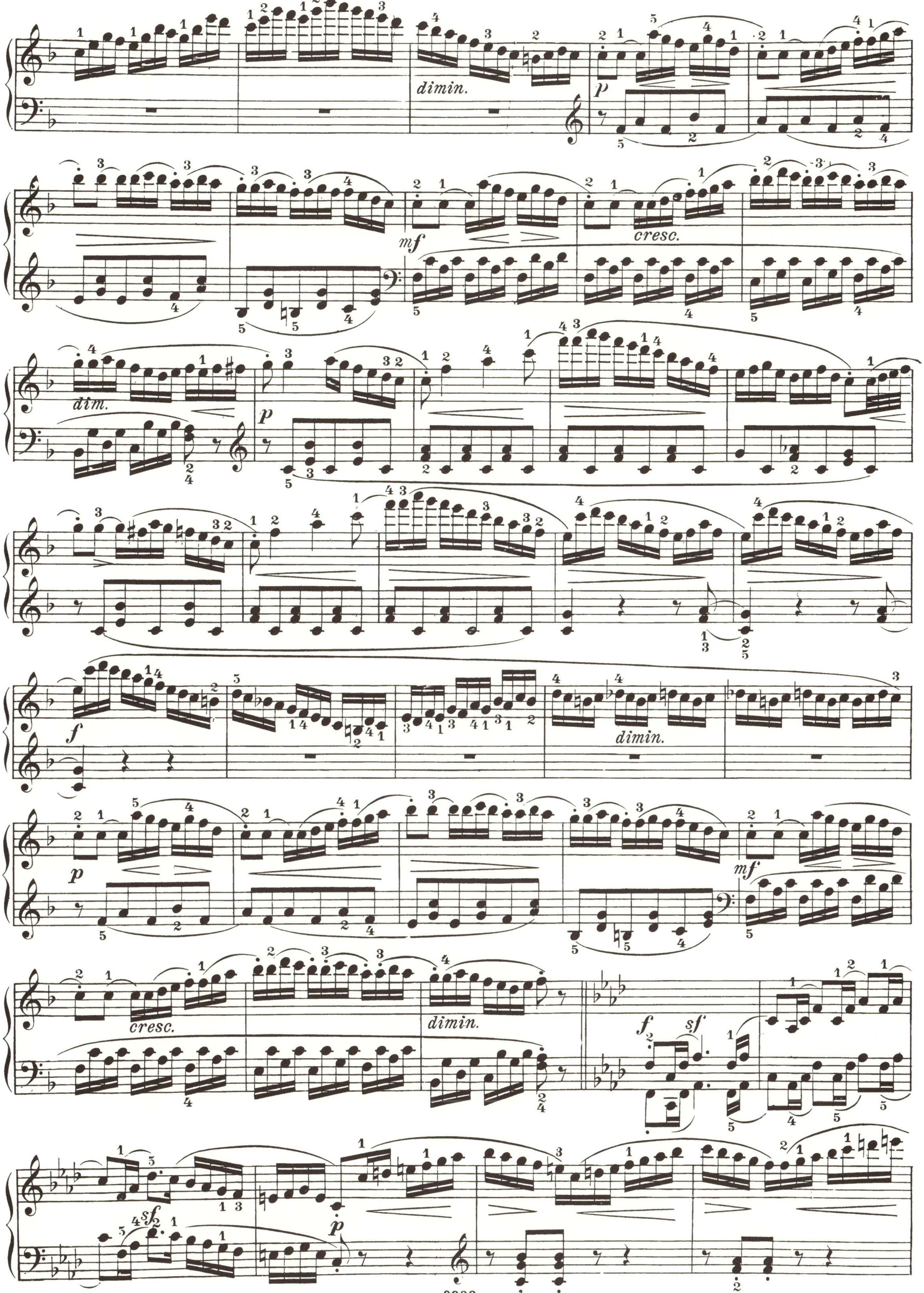
dimin.
p
mf
cresc.
dim.
p
f
dimin.
p
mf
cresc.
dimin.
f
sf
sf
p

SONATINE
Op. 55 No 1

Fr. Kuhlau

Allegro

4.

SONATINE

Op. 55 № 2

Fr. Kuhlau

Edition Peters

Cantabile

plegato assai

Allegro

p scherzando

legato

a)

Edition Peters

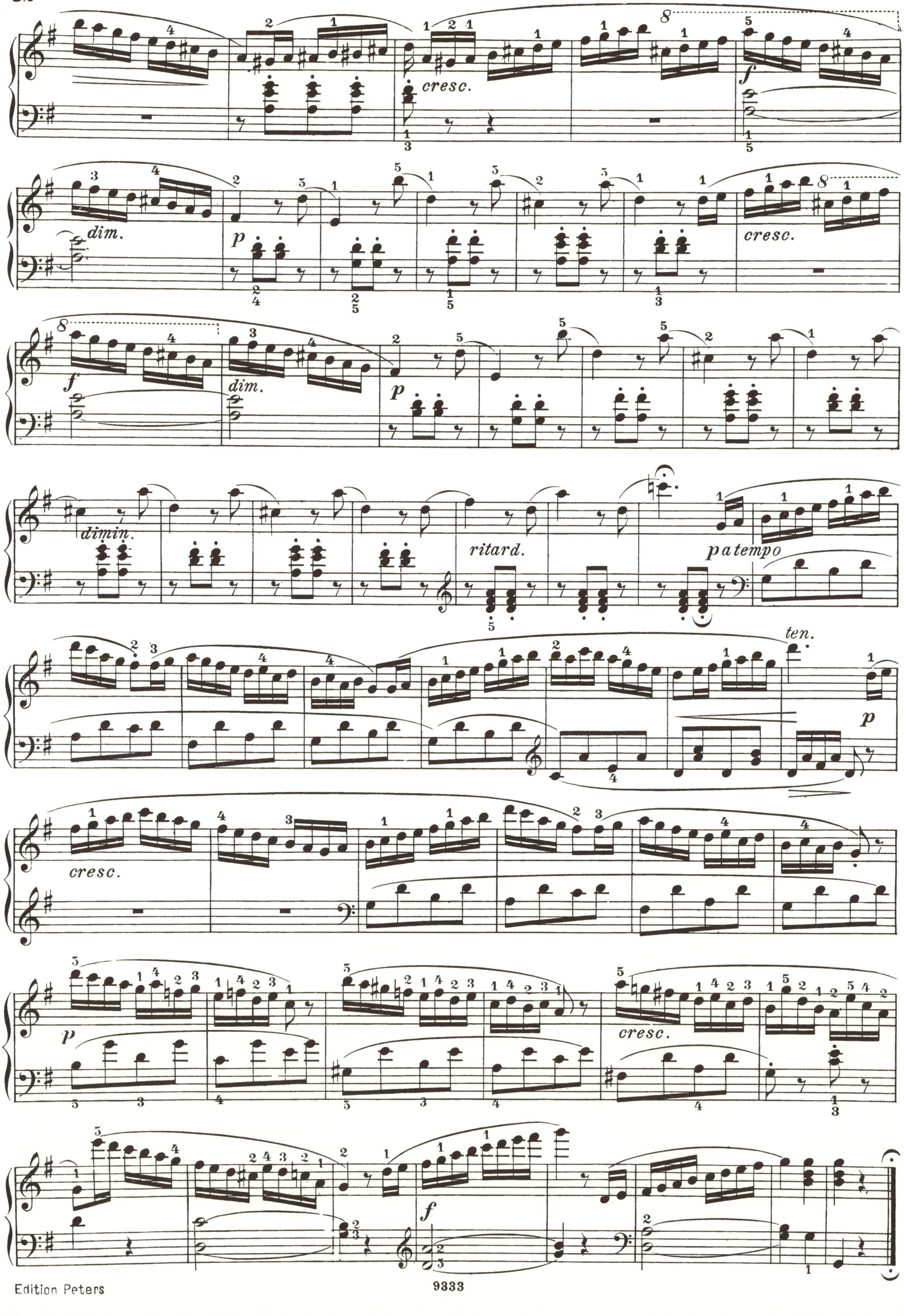
cresc.
f
dim.
p
cresc.
f
dim.
p
dimin.
ritard.
p a tempo
ten.
p
cresc.
p
cresc.
f

SONATINE
Op. 55 № 3

Fr. Kuhlau

Allegro con spirito

Allegretto grazioso.

9333

SONATINE

Op. 36 No. 1

Allegro

M. Clementi

7.

9333

SONATINE
Op. 36 No 2

M. Clementi

8.

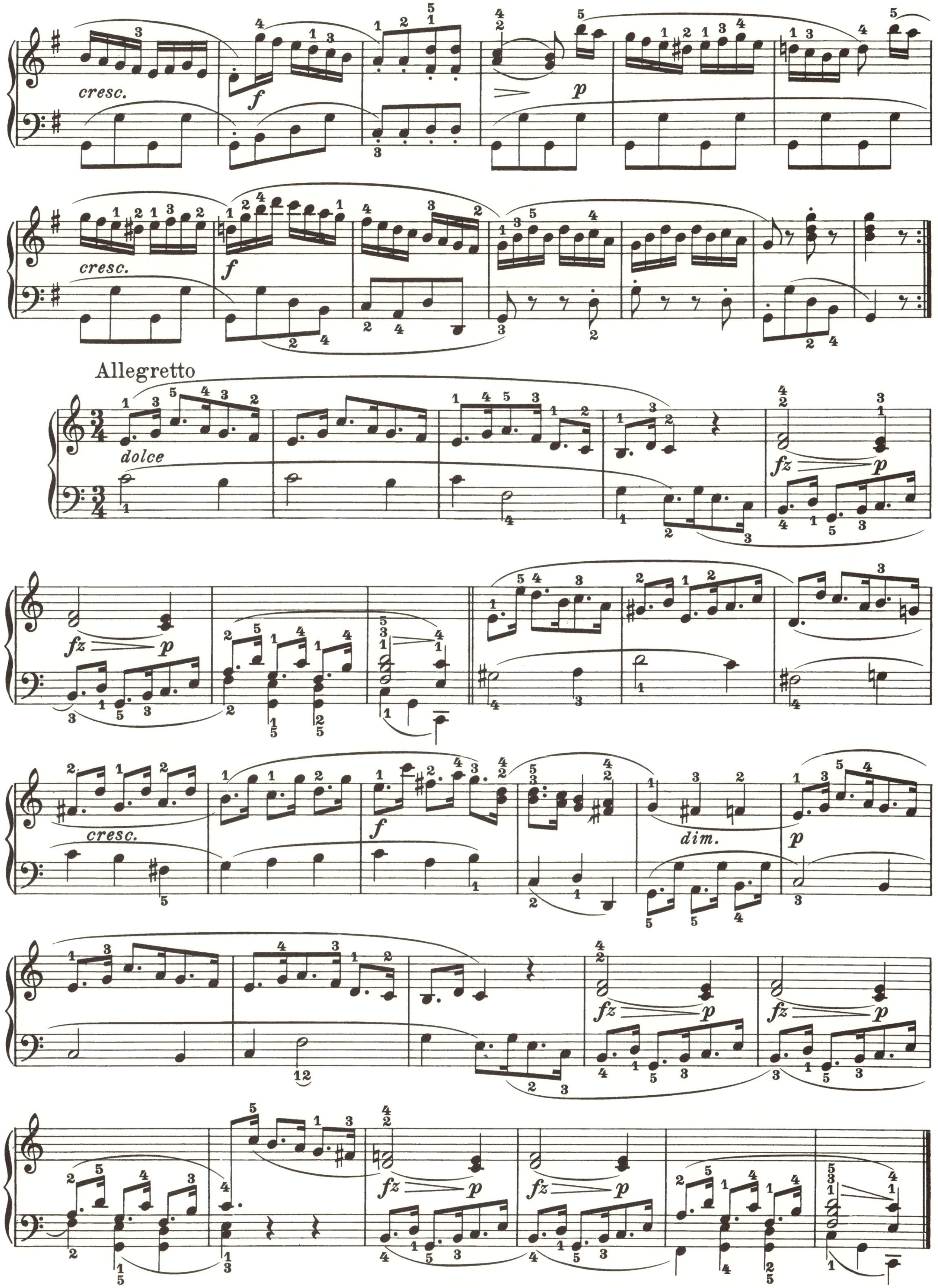
cresc.
f
p
cresc.
f
Allegretto
dolce
fz
p
fz
p
cresc.
f
dim.
p
fz
p
fz
p
fz
p
fz
p

Allegro

a)

SONATINE
Op. 36 No 3

M. Clementi

Spiritoso

9.

9333

Un poco Adagio

SONATINE
Op.36 № 4

M. Clementi

Con spirito

10.

Andante con espressione

RONDO

SONATINE
Op. 36 № 5

M. Clementi

11.

AIR SUISSE

original

RONDO

Allegro di molto

9333

Segue:

SONATINE

Op. 36 No 6

M. Clementi

Allegro con spirito

12.

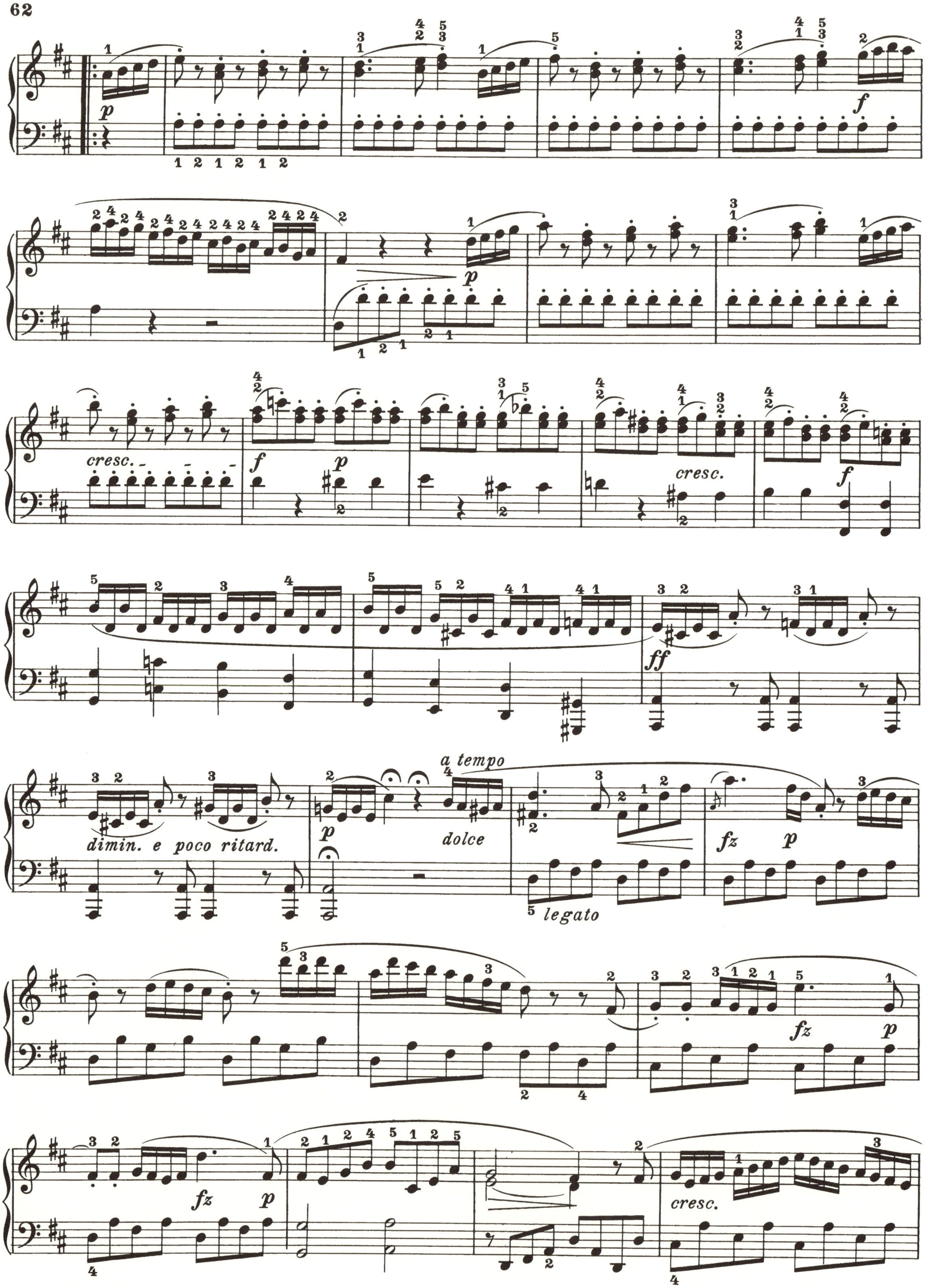
cresc.
cresc.
dimin. e poco ritard.
a tempo
dolce
legato
cresc.

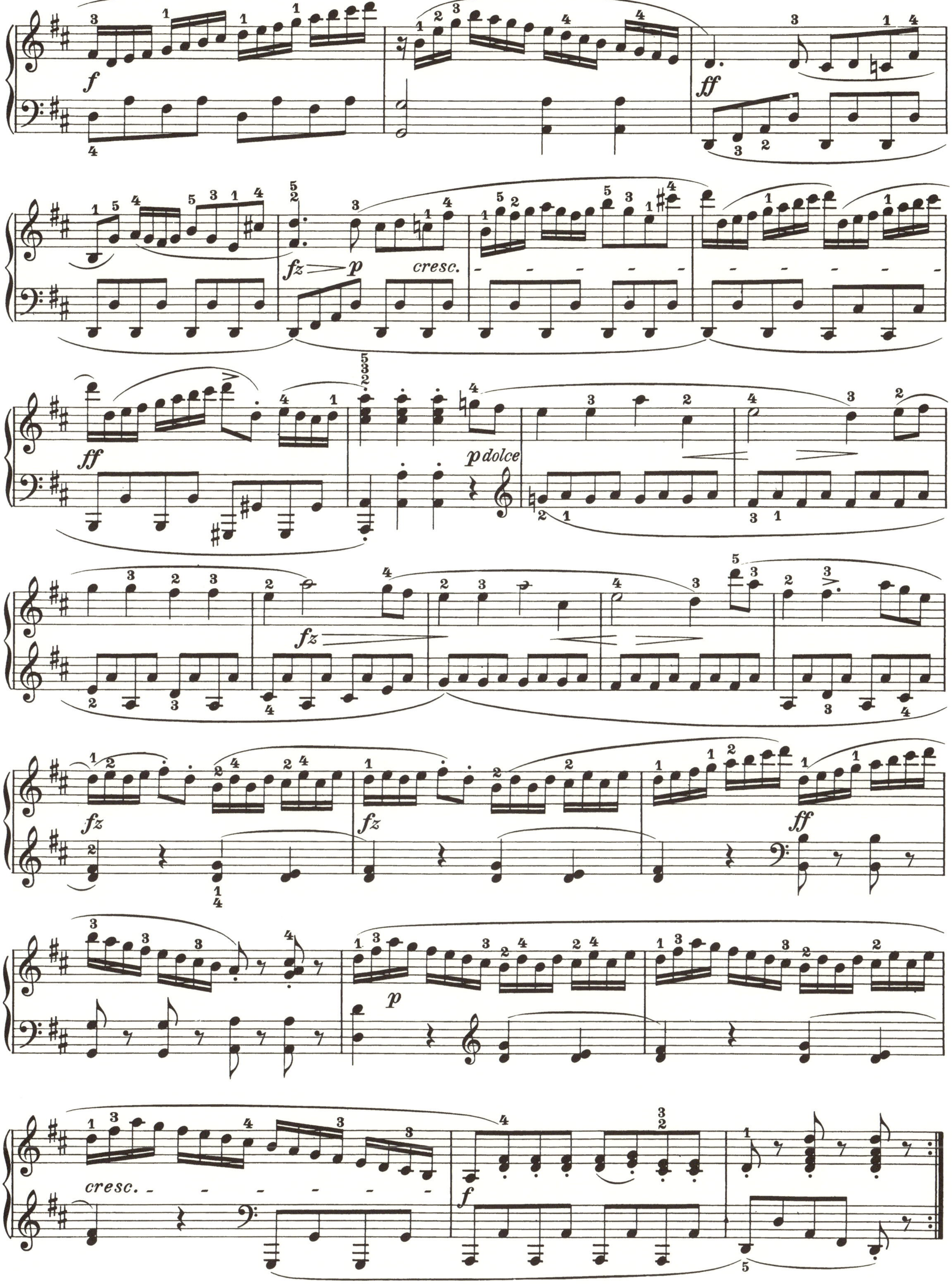
f
ff
fz
p
cresc.
ff
p dolce
fz
fz
fz
ff
p
cresc.
f

RONDO

Allegretto spiritoso

9333

9338

SONATE

Allegro con brio

Jos. Haydn

13.

9333

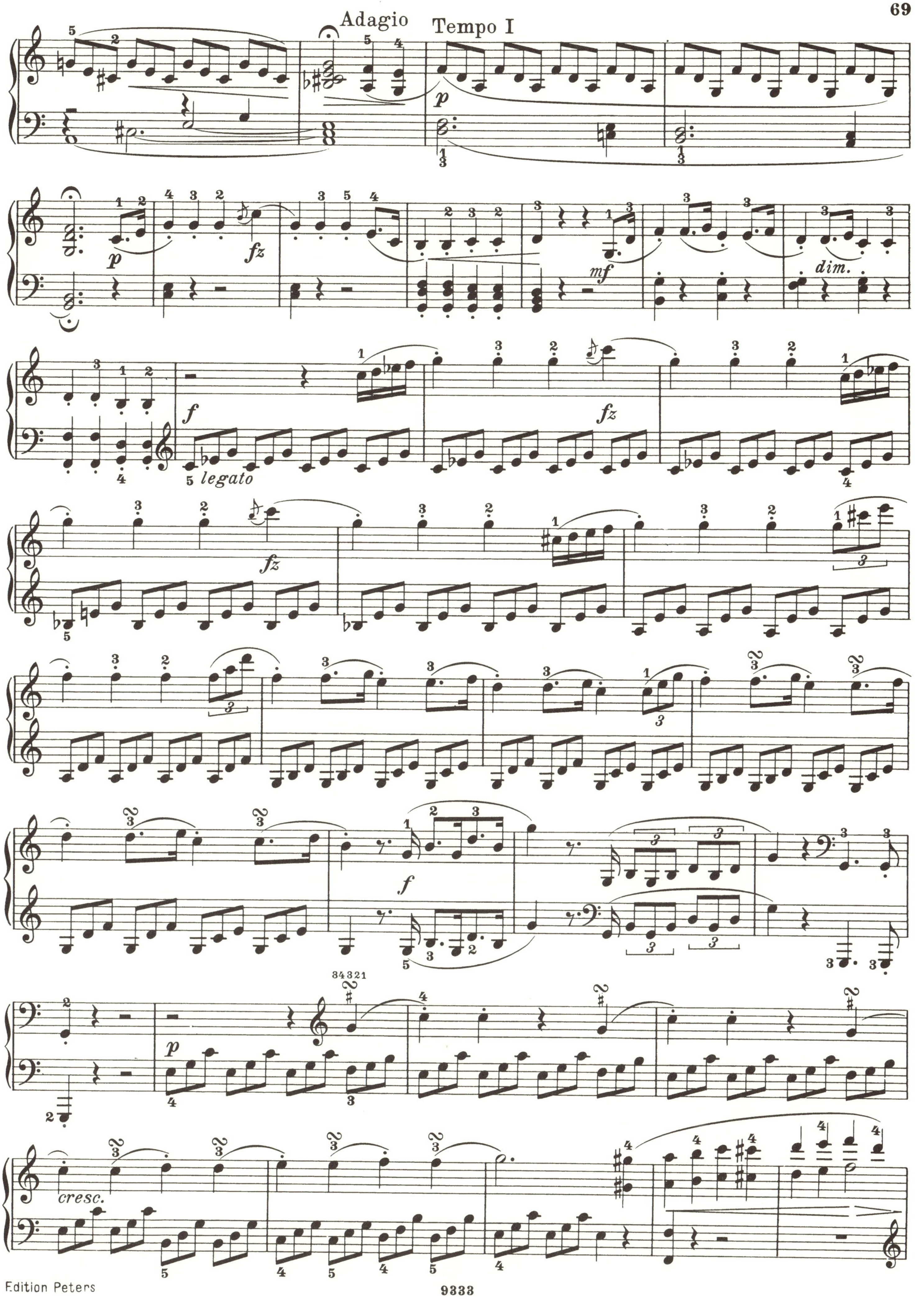
Adagio
Tempo I
p
fz
mf
dim.
f
legato
cresc.

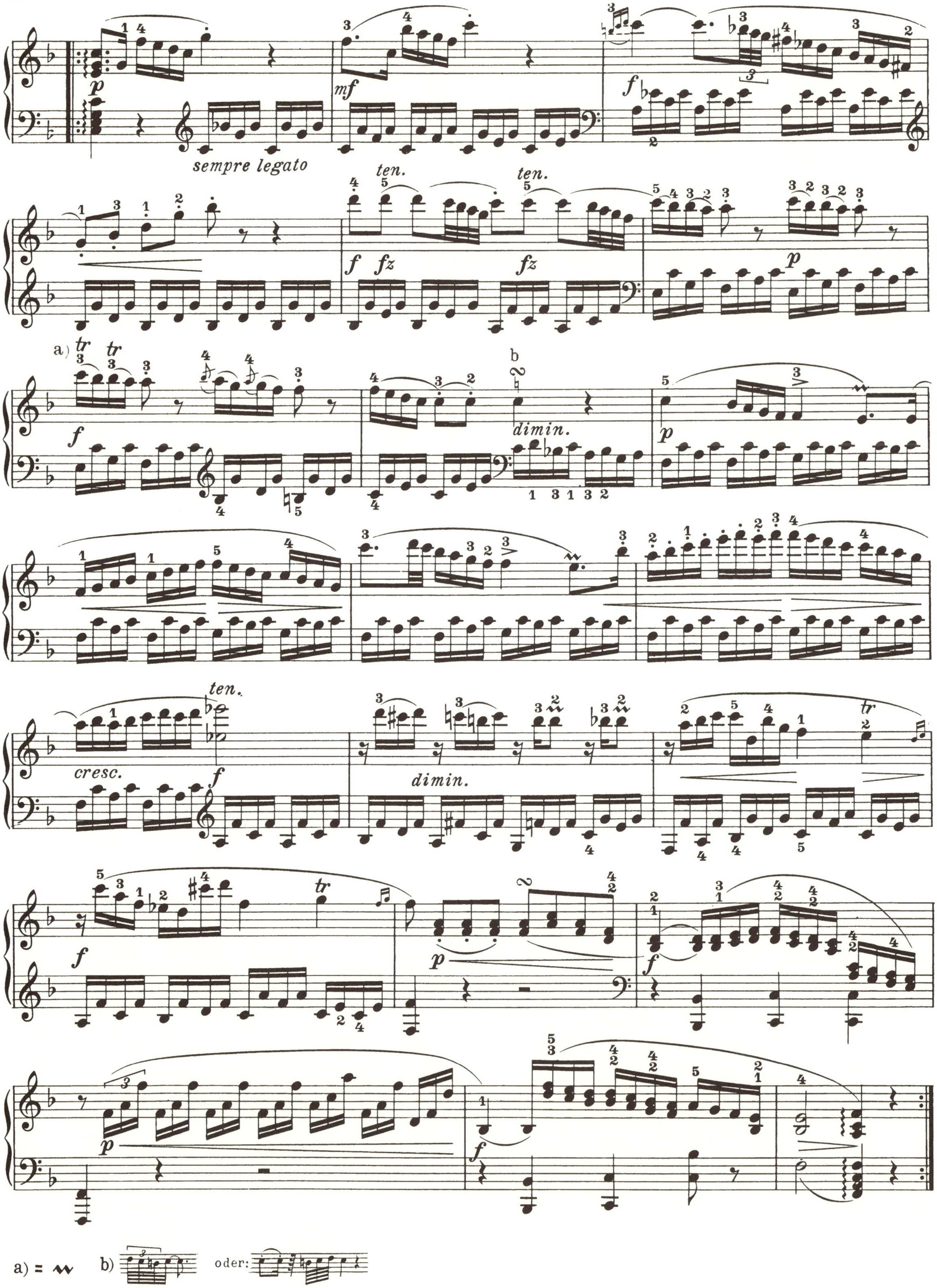
sempre legato
ten.
ten.
a)
b
dimin.
cresc.
ten.
dimin.
a) =
b)
oder:

Finale
Allegro

SONATE

W. A. Mozart

Rondo

Allegretto.

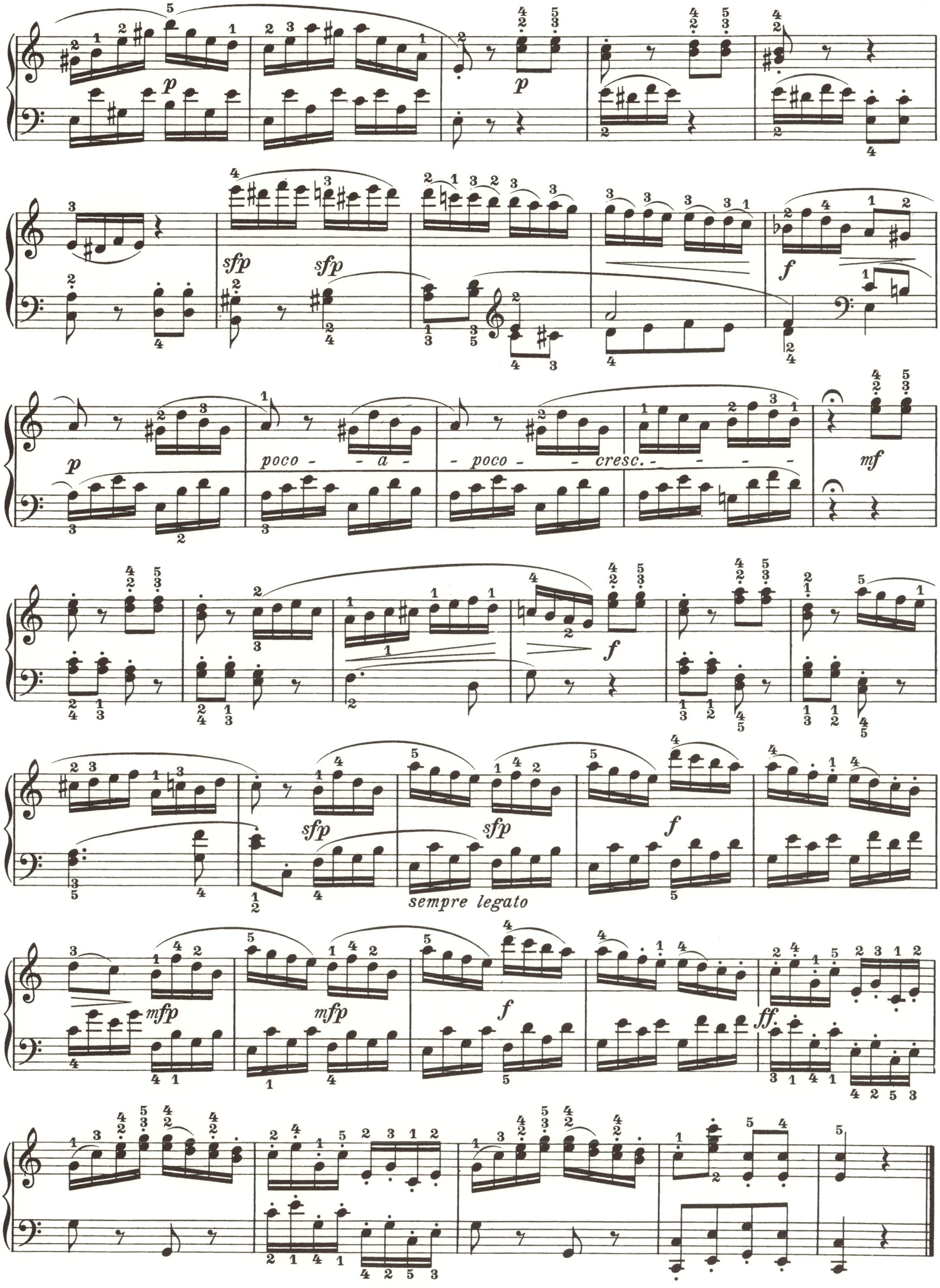
p
p
sfp
sfp
f
p
poco - - a -
- poco - - cresc. - - - - -
mf
f
sfp
sfp
sempre legato
f
mfp
mfp
f
ff

SONATE

Op. 49 № 2

L. van Beethoven

Allegro, ma non troppo

15.

a)

a) 𝄞

Tempo di Minuetto

SONATE

Op.49 № 1

L. van Beethoven

16.

a) 🎵

Rondo

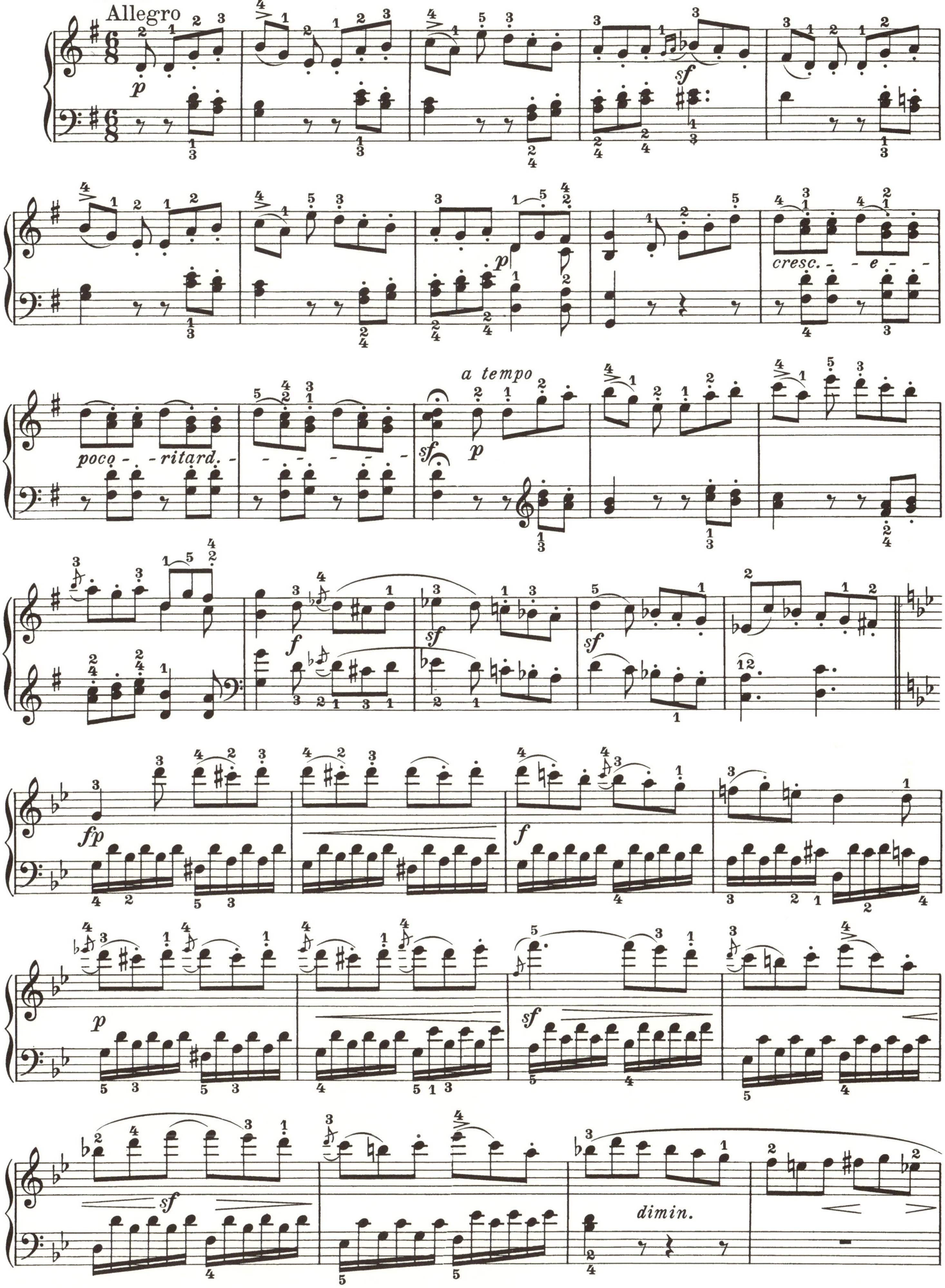
Allegro
p
sf
cresc. - - e - -
poco - - ritard. -
a tempo
sf
p
f
sf
sf
fp
f
p
sf
sf
dimin.

a)

SONATINE

Op.20 No 1

J. Dussek

Rondo

Allegretto Tempo di Minuetto

Minore

PRÄLUDIUM

Aus dem wohltemperierten Klavier

J. S. Bach

ADAGIO

Jos. Haydn

19.

ANDANTE GRAZIOSO

Jos. Haydn

20.

ALLEGRO

Jos. Haydn

21.

ANDANTE

Jos. Haydn

22.

RONDO

W. A. Mozart

111

Edition Peters

9333

RONDO
Op. 51, № 1

L. van Beethoven

Moderato e grazioso

24.

9333

AUS DER ERSTEN SYMPHONIE

L. van Beethoven

Andante cantabile con moto

25.

THEMA AUS DEM IMPROMPTU

Op. 142 № 3

Fr. Schubert

SCHERZO

Op. posth.

Fr. Schubert

27.

Allegretto

Trio.

Fine

Scherzo D.C.

9333

AUS DER A-DUR SONATE

Op. 120

Fr. Schubert

Andante

28.

a)

VARIATION ÜBER „VIEN' QUÀ, DORINA BELLA"

Op. 7

C. M. von Weber

Variation

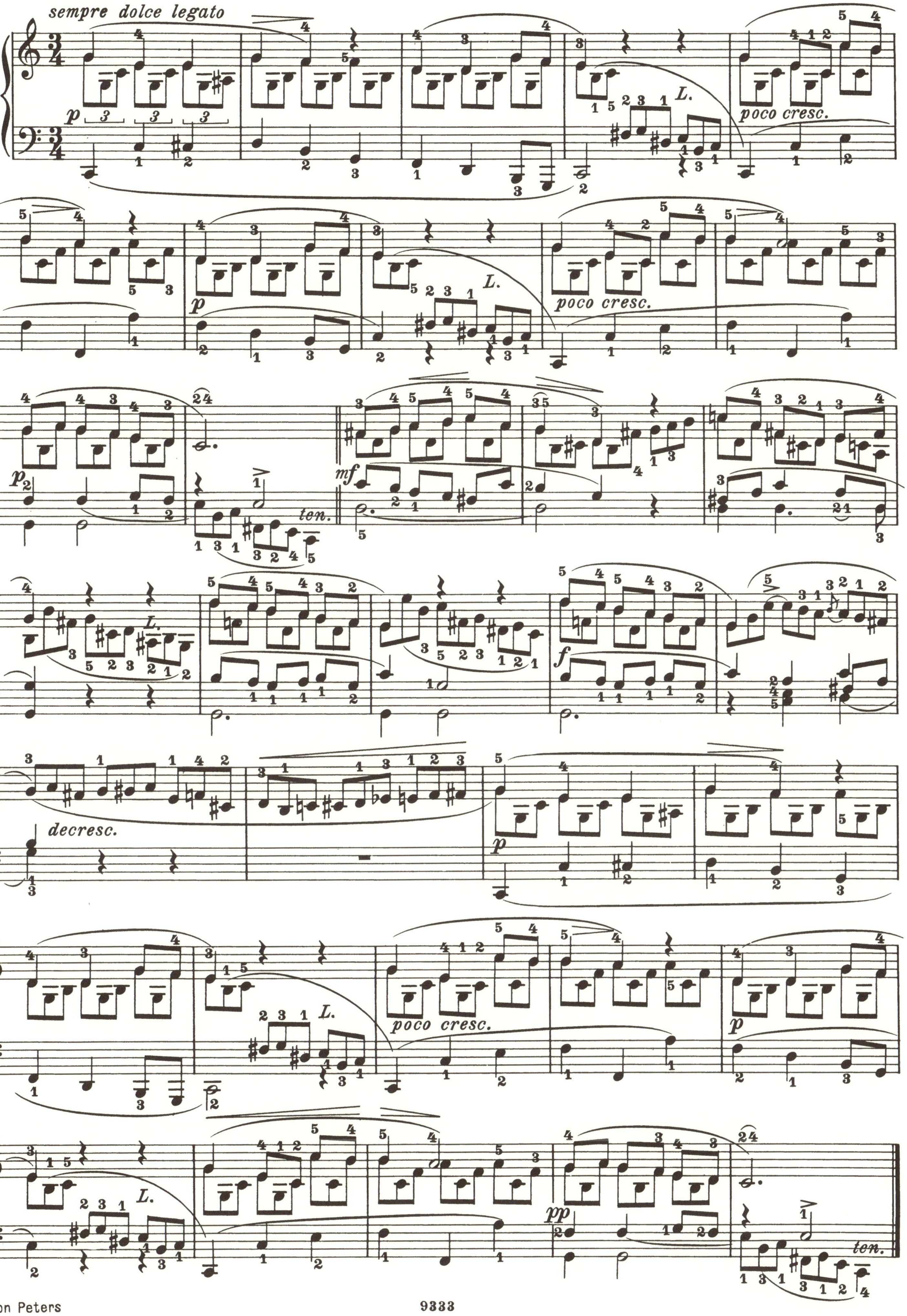
sempre dolce legato
poco cresc.
L.
ten.
decresc.

KLEINE FUGE

Aus dem „Album für die Jugend" Op.68

Robert Schumann

Fuge
Lebhaft, doch nicht zu schnell